MAGIC

Das Universum spricht mit dir

Von N. R. Gelzer

BUCHBESCHREIBUNG:

Wir alle stellen uns jeden Tag Fragen und treffen unzählige Entscheidungen. Manchmal wünschen wir uns einen kleinen Hinweis oder einen Schubser des Universums.

Lass dieses Buch dein Helferlein sein. Wann immer du dir Unterstützung bei einer Frage oder einem Problem wünschst:

- Nimm das Buch zur Hand.

- Schließe deine Augen und fühle in dich hinein.

- Folge deiner Intuition, schlage eine Seite auf und finde die Antwort, nach der du gesucht hast.

Über die Autorin

Nadine R. Gelzer ist eine Autorin zum Anfassen, gleichermaßen authentisch wie inspirierend. Sie lässt das innere Licht erstrahlen – bei ihren Figuren UND bei den Leser*innen, sowohl in ihrem Fantasyroman "SoulTrip - Wenn die Seele erwacht" als auch mit "MAGIC - Das Universum spricht mit dir". Wenn sie nicht gerade eine Seele zum Funkeln bringt, führt sie ein herrlich normales Leben. Sie lebt in der Nähe von Magdeburg mit ihrem Mann, zwei Töchtern und einer Heerschar von Notizzetteln. Denn die Muse hat die Angewohnheit, sie immer und überall zu küssen.

Für mehr Inspiration können die Leser*innen ihren Instagram- und TikTok-Kanälen unter „autorin_n.r.gelzer" folgen und den beliebten Newsletter "Soul-Reminder" auf ihrer Internetseite www.nrgelzer.de abonnieren.

MAGIC

DAS UNIVERSUM SPRICHT MIT DIR

Wer fragt, erhält Antworten.

von N. R. Gelzer

1. Auflage
© 2024 N. R. Gelzer
Covergestaltung: Laura Newman – lauranewman.de
Korrektorat: Klaudia Szabo, Wortverzierer – wortverzierer.de
Gestaltung Innenteil: N. R. Gelzer
Satz: Marco Mertins – buchtuete.de
Abbildungen Innenteil: iStock by Getty Images, Diana Kovach, Ekaterina
Grigoreva, Galina Yureva, Kirill Veretennikov, Olha Zaiarna, Olia
Fedorovsky, Svetlana Larshina

Herstellung und Verlag: BoD - Books on Demand, Norderstedt
ISBN: 978-3-758-36862-2
Bibliografische Information der Deutschen Nationalbibliothek: Die
Deutsche Nationalbibliothek verzeichnet diese Publikation in der
Deutschen Nationalbibliografie; detaillierte bibliografische Daten sind im
Internet über dnb.dnb.de abrufbar.

www.nrgelzer.de
nadine@nrgelzer.de
Instagram.com/autorin_n.r.gelzer
TikTok.com/autorin_n.r.gelzer
www.nrgelzer.de/#Newsletter (Newsletter „Soul-Reminder")

Wie du dieses Buch nutzen kannst.

Wer fragt, erhält Antworten.

Wann immer du dir eine Frage stellst oder über ein Problem grübelst:

- Nimm dieses Buch zur Hand.

- Schließe deine Augen und fühle in dich hinein.

- Folge deiner Intuition, schlage eine Seite auf und finde die Antwort, die dich auf magische Weise darin unterstützt, dich zu entscheiden.

Hör auf zu denken.

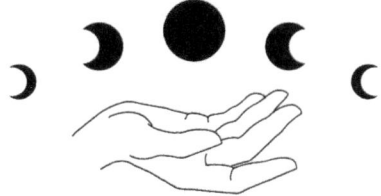

Fühle.

Du haderst mit den Umständen, verfluchst das Schicksal
und ärgerst dich über das Leben?

Aber hey, du bist das Leben.

Auf wen bist du eigentlich wütend?

Wenn du in der allerletzten Minute deines Lebens
zurückschaust:

Ist diese Frage dann wirklich wichtig?
Wenn nein, mach dieses Büchlein zu und genieße das
Leben.

Wenn doch, schlage eine weitere Seite auf.

Wenn du diese Seite aufschlägst, gibt es genau zwei
Möglichkeiten.

Aber bevor ich sie dir verrate, halte kurz inne.
Fühle in dich hinein, öffne dein Herz und vertraue deinem
Geist.

Hier kommt Möglichkeit Nummer eins:

Du kennst die Antwort längst, hast nur auf ein wenig
Unterstützung gewartet. Dann schließe die Augen und
fühle die Antwort.

Möglichkeit Nummer zwei:

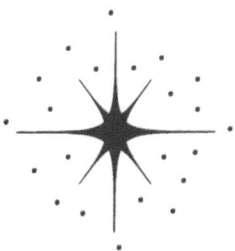

Du kennst die Antwort längst, hast nur auf ein wenig
Unterstützung gewartet. Dann schließe die Augen und
fühle die Antwort.

Es

ist

Zeit.

Lass

los.

Es ist Zeit,

mit dem Fragen aufzuhören.

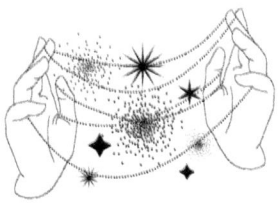

Komme ins Handeln.

Kein Buch dieser Welt

kann dir diese Frage beantworten.

Aber dein Herz schon.

Es ist Zeit,
für dich zu sorgen.

An irgendeiner Stelle des Weges darfst du noch vergeben.

Jemand anderem?

Dir selbst?

Dem Leben?

Dein inneres Kind

kennt die Antwort.

Sieh es als Spiel.

Niemand verlangt von
dir, zu verzeihen.

Aber ein Teil von dir

sehnt sich danach.

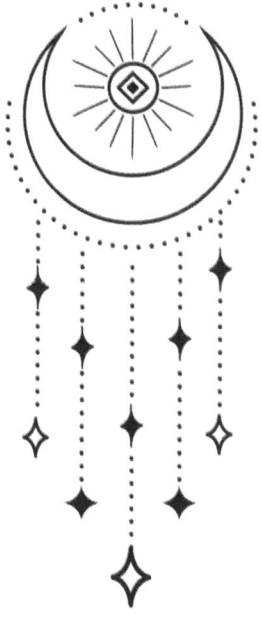

Eine Pause hilft.

Die Antwort wird sich
sehr bald zeigen.

Hab Vertrauen

und lass los.

Hab mehr Selbstvertrauen.

Du bist ein
besonderer und
wertvoller Mensch.

Wenn das Universum
dir vertraut,

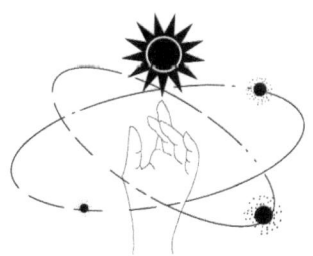

kannst du das auch.

Veränderungen sind etwas Gutes. Trau dich, dich dem
Fluss des Lebens hinzugeben.

Frage dich:
Was an der Situation ist das Allerwichtigste?

Liebe
ist
immer
die
richtige

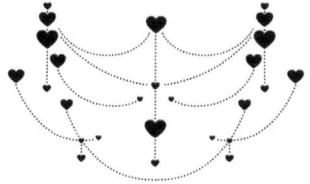

Antwort.

Wenn du der Freude folgst,
hast du das Universum auf deiner Seite.

Versuchs mal mit Humor.

Wenn du daran glaubst,

tun es auch alle anderen.

Denke bei deiner Entscheidung an die
wirklich wichtigen Werte:
Liebe, Aufrichtigkeit und Dankbarkeit.

Vielleicht liegt die Wahrheit

irgendwo in der Mitte?

Deine Seele
möchte sich durch dich zum Ausdruck bringen.

Sie spricht
durch Träume, Wünsche und Intuition mit dir.

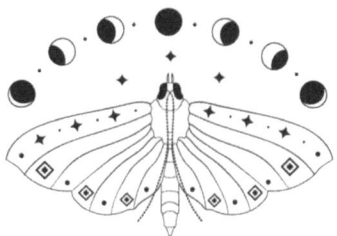

Hör hin.

Hoffnung ist
ein Zeichen des Universums.
Es flüstert dir zu:

Gib nicht auf.

Vielleicht gibt es noch eine ganz andere Lösung?

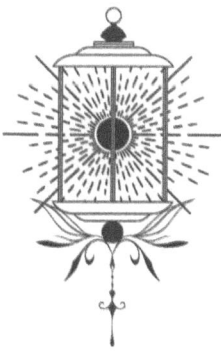

Sei neugierig und bleib wachsam.

Hör auf, dir Sorgen zu machen.

Du kannst nur gewinnen.

Wenn du für dich einstehst,

profitiert dein gesamtes Umfeld.

Es ist nicht wichtig,
sich immer richtig
zu entscheiden.
Maßgeblich ist, überhaupt
eine Wahl zu treffen.
Ob der eingeschlagene Weg
der richtige war,
zeigt sich ohnehin
erst später.

Auch wenn jede Lösung Nachteile bietet:
Ohne Entscheidung entsteht der größte Schaden.

In der Ehrlichkeit
findest du die Lösung.
Anderen gegenüber.

Und dir selbst.

Entspann dich mal wieder.
Dann zeigt sich die Antwort

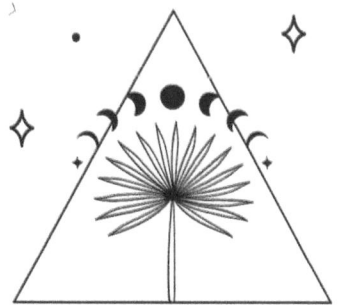

von ganz allein.

Was lässt dich zögern?

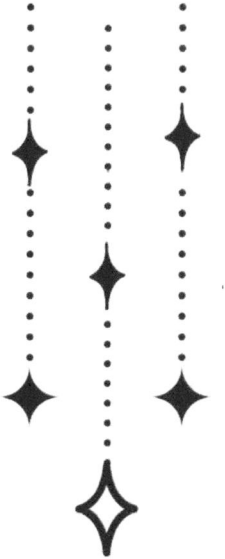

Die Liebe oder die Angst?

Zeige deiner Seele,
dass du sie ernst nimmst.

Glaube an deine Träume.

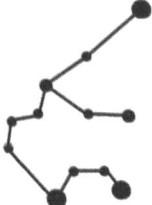

Ein Kompromiss ist auch eine Lösung.

Akzeptiere,

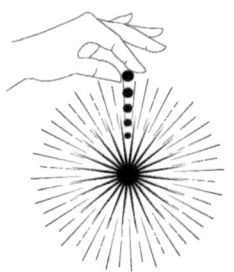

was du nicht ändern kannst.

Wenn du dich nicht entscheiden willst, weil du die Harmonie wahren möchtest, hast du sie längst verloren.

Was nützt dir eine Pro- und Kontra-Liste, wenn ein einziger Punkt alle anderen überstrahlt?

Eine falsche Entscheidung

gibt es gar nicht.

Du bist nicht
für das Glück
anderer verantwortlich.

Es ist längst entschieden.
Dein Verstand möchte nur noch ein wenig so tun, als hätte
er ein Wörtchen mitzureden.

Veränderung fühlt sich ungewohnt an.

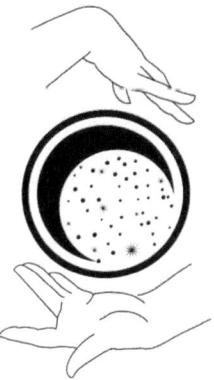

Verwechsle Ungewohntes nicht mit Falschem.

Wenn alles möglich wäre:

Wie würdest du dann wählen?

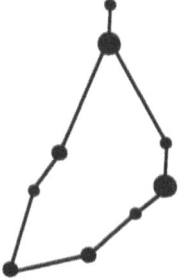

Wenn eine Wahl mit tausend Argumenten begründet
werden muss, ist es die falsche.
Die richtige spürst du einfach.

Gegenfrage:

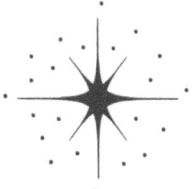

Was steckt hinter deinem Zögern?

Das Universum sorgt immer für Gleichgewicht.

Egal, wie du dich entscheidest.

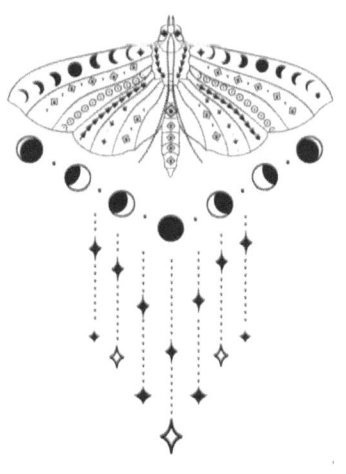

Es bleibt erhalten.

Im Außen wirst du die
Lösung nicht finden.

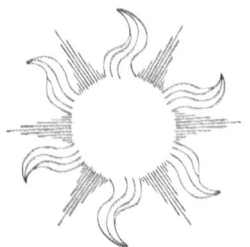

Die perfekten Umstände werden nicht kommen. Sie entstehen nicht für deine Entscheidung, sondern durch sie.

Womöglich darfst du einen größeren Kontext betrachten, um dich in einem kleineren zu entscheiden.

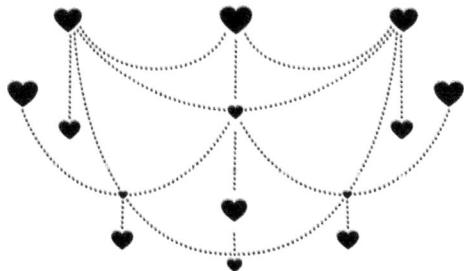

Wie würde sich der Mensch entscheiden,
der dich am meisten liebt?

Die Lösung liegt in deiner Hand.
Um sie zu sehen, musst du nur noch deinen Verstand dazu
bringen, die Finger vom Lenkrad zu lösen.

Sich nicht zu entscheiden, ist auch eine Entscheidung. Nur vielleicht nicht die beste.

Je mehr du dich wehrst, umso schwieriger wird es.
Gib den Widerstand auf und sei frei.

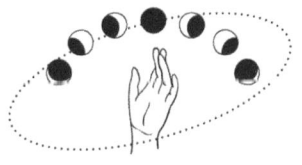

Es ist in Ordnung, um Hilfe zu bitten.

Schalte den Radiosender deiner Gedanken für eine
Weile aus.

In der Stille hörst du besser.

Du hast die Wahl.
Das ist keine Strafe,
sondern ein Geschenk.

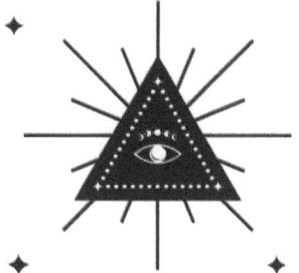

Es gibt kein Entweder-oder.
Greif zu.

Schaue auf die Lösung des Problems.
Dann fällt dir der Weg dorthin
leichter.

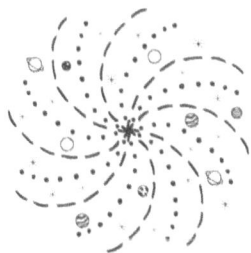

Jeder Mensch fühlt sich im Recht.
Was wäre, wenn dieser Begriff nur eine
Erfindung des Egos wäre?
Die Wahrheit findest du nur im Herzen.

Geht es dir wirklich um die Sache?

Oder steckt etwas anderes dahinter?

Reden hilft.

Das Ende des Weges ist manchmal nicht sofort zu
erkennen.

Mach den ersten Schritt,

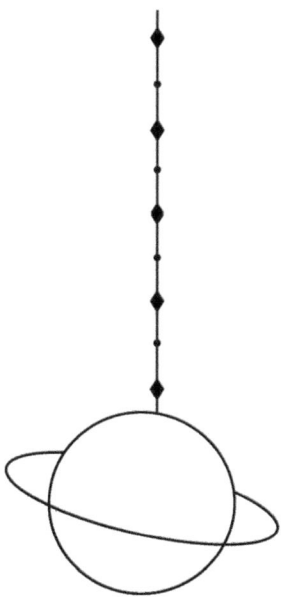

dann zeigt sich der Weg.

Hab Vertrauen. Geh los.

Womöglich ist der Moment der Entscheidung noch nicht gekommen.

Aber bald.

Die ideale Zukunft wird nicht kommen.
Der perfekte Moment ist jetzt.

Räume ein wenig auf,
miste etwas aus.
Das schafft die Klarheit,
die du brauchst.

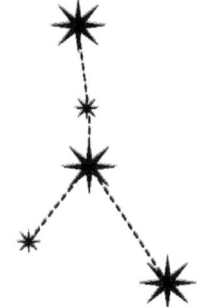

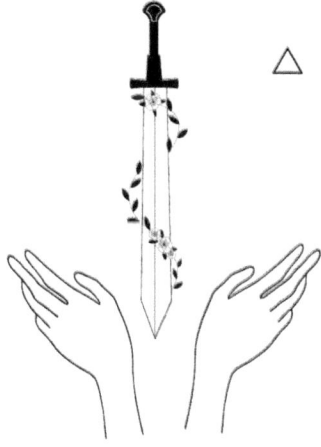

Vielleicht hält dich nur die Angst davon ab,
in eine bestimmte Richtung loszugehen.

Was hast du im ersten
Moment darüber gedacht?

Spring über deinen Schatten.
Dann stehst du im Licht.

Du willst etwas verändern.
Sonst hättest du nicht gefragt.

Hast du jemals in Betracht gezogen,
dass es das Beste sein könnte,
was dir passieren kann?

Das
Universum
ist
immer
auf
deiner
Seite.

Mach deine Entscheidung nicht davon abhängig,
was andere darüber denken.

Mach deine Entscheidung nicht davon abhängig,
wie andere über dich denken.
Darauf hast du keinen Einfluss.
Und es hat ohnehin mehr mit ihnen zu tun
als mit dir.

In Wahrheit geht es
immer um ein Gefühl.
Wie willst du dich
mit der Lösung fühlen?

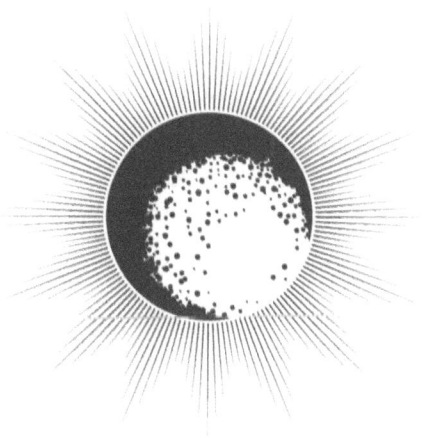

Vielleicht hast du noch nicht
an der richtigen Stelle
nach der Lösung gesucht.

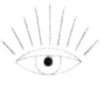

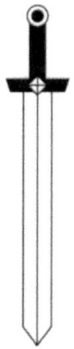

Die Antwort wird nicht sein,
dass alles bleibt, wie es ist.

Du verfügst über alles nötige Wissen,
um deine Entscheidung zu treffen.

Die Ursache deiner Unklarheit
rührt aus einer tieferen Ebene.
Dort findest du auch die Antwort.

Wer sagt,
dass du das
beantworten musst?

Lehn dich zurück,
entspanne dich und
trinke eine Tasse Tee.

Du wirst es nicht bereuen.
Entweder war es richtig oder du hast etwas Wertvolles
gelernt.

Selbst wenn das Glas halb leer ist:
Du entscheidest,
womit du es wieder füllst.

Kontrolle ist gut.

Vertrauen ist besser.

Du kannst nicht alle Konsequenzen überschauen.
Trotzdem ist es wichtig und wertvoll, dass du dich
entscheidest.

Du bist immer wertvoll.
Egal, wie du dich entscheidest.

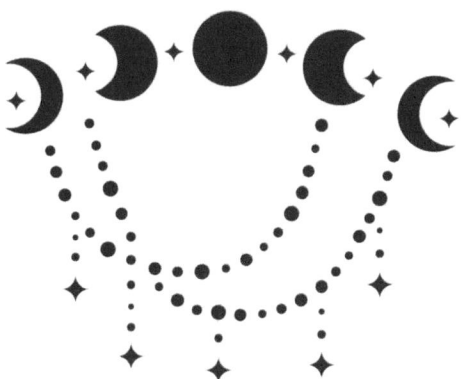

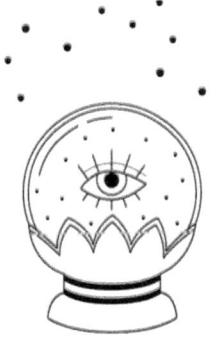

Sei ehrlich.
Was hast du davon,
wenn du dich nicht entscheidest?

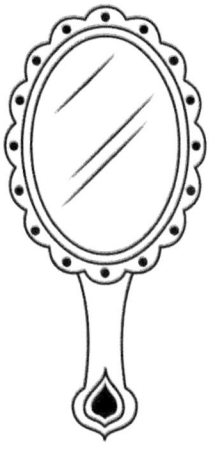

Du kannst es nicht allen
recht machen. Wichtig ist,
dass du dir treu bleibst.

Bist du dir sicher, dass das deine Entscheidung ist?

Wenn du dich zwischen
Altem und Neuem entscheiden musst,
nimm das Neue.
Wenn das Alte dir geholfen hätte,
würdest du nicht diese Frage stellen.

Die einfachste Lösung
ist nicht immer die beste.
Nur die bequemste.

Du kannst dich gar nicht falsch entscheiden.

Möchtest du, dass jemand anderes
das für dich entscheidet?
Wenn die Antwort *Nein* lautet,
entscheide dich bald.

Womöglich ist der Weg zur
Lösung das eigentliche Ziel.

Manchmal ist ein Detail
wichtiger als alle anderen.

Halten dich womöglich noch die Reaktionen der anderen
davon ab, dich zu entscheiden?
Dann mache dir bewusst: Ihre Meinungen und Urteile sind
ein Spiegel ihrer Seele, nicht deiner.

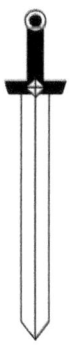

Die Zeit zu warten
ist vorüber.

Selbst wenn es am Ende anders kommt, hilft dir womöglich ein Plan, um loszugehen.

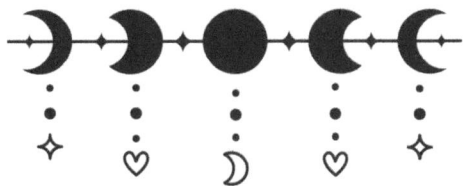

Besinne dich auf die vielen Male,
da deine Intuition richtig war.
Dann blicke neu auf deine Frage.

Was hat oberste Priorität bei deiner
Entscheidung?

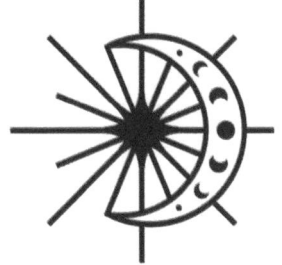

Wem oder was bist du
am allermeisten verpflichtet?
Halt.
Noch einmal:
Wem oder was bist du
am allermeisten verpflichtet?

Was würdest du deinem Kind raten,
wenn es dir diese Frage stellen würde?

Wenn du dauerhaft etwas ändern möchtest,
musst du dauerhaft etwas ändern.

Sei liebevoller.
Vor allem mit dir selbst.

Wer loslässt,
hat die Hände frei
zum Handeln.

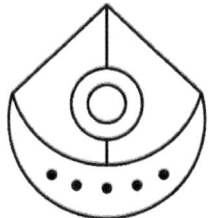

Manchmal ist Widerstand
nur die Angst
vor dem Unbekannten.

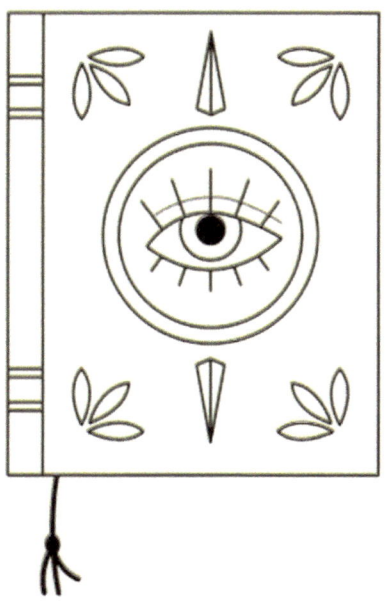

Hinweise

Die Ratschläge in diesem Buch sind sorgfältig erwogen. Sie bieten jedoch keinen Ersatz für medizinischen Rat, sondern dienen der Begleitung, Anregung der Selbstheilungskräfte und Entscheidungshilfe. Alle Angaben in diesem Buch erfolgen somit ohne Gewährleistung oder Garantie durch die Autorin. Eine Haftung der Autorin für Personen-, Sach- und Vermögensschäden ist ausgeschlossen.